Étienne-Jean Delécluze

Atelier d'un peintre chinois

Beaux-Arts

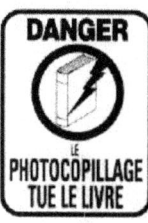
ISBN : 978-1717217424

10 9 8 7 6 5 4 3 2 1

Étienne-Jean Delécluze

Atelier d'un peintre chinois

Beaux-Arts

Table de Matières

Atelier d'un peintre chinois

On a publié dernièrement à Londres [1] une relation de voyage sous le titre du *Fan-qui en Chine*. Ce livre est tout à la fois instructif et fort amusant ; et, malgré l'intérêt que présente celui de M. Davis sur le même sujet, j'ose affirmer que le *Fan-qui* sera lu avec plaisir et profit par les Européens. Mon intention n'est pas, toutefois, d'en présenter ici un extrait méthodique. Trop de sujets variés et importants y sont traités, pour qu'il soit possible d'en faire même une énumération complète ; aussi, parmi ceux qui peuvent exciter la curiosité des lecteurs, choisirai-je pour faire connaître la manière de l'auteur le passage où le *Fan-qui* traite de l'art de la peinture en Chine.

Préalablement je donnerai l'explication des mots *Fan-qui* introduits dans le titre. On sait que les Grecs et les Romains avaient l'usage de désigner les hommes des nations étrangères à la leur, par le mot de Barbares. Or, les lois de la Chine non seulement ne permettent pas aux indigènes d'en sortir, mais elles punissent de mort ceux que l'on peut reprendre après qu'ils se sont rendus coupables de ce crime. Dans cet empire l'horreur de l'étranger est portée à l'extrême ; et les Chinois, renchérissant encore sur les Grecs et les Romains, désignent en particulier les Européens par l'épithète de *Fan-qui* dont le sens est *vagabond barbare* ou *démon étranger*. L'auteur du *Fan-qui en Chine*, M. Toogood Downing, car tel est le nom vrai ou supposé donné au chirurgien anglais qui a écrit ce voyage ; M. Downing, dis-je, a accepté gaiement ce sobriquet sous la

---

1 *The Fan-qui in China*, 1836-37, by Toogood Downing, esq. Roy. Coll. Surgeons, 3 vol., London ; H. Colburn, publisher, Great Marlborough Street, 1838. [c.a. : cf. The shop of Lamquoi the painter.]

condition de juger le peuple qui le lui a donné. Il faut avouer que le *Fan-qui* use généreusement du droit qu'il s'est arrogé, puisqu'il rend en général un compte favorable des mœurs de ce pays. Les personnes du monde, peu disposées à faire des études approfondies sur le *céleste empire*, pourront, au moyen de cet ouvrage que l'on traduira sans doute en français, prendre une idée générale de toutes les questions sur la Chine qui intéressent les Européens. Gouvernement, religion, commerce, industrie, arts, mœurs, habitudes, tous ces sujets y sont traités non pas scientifiquement, mais par un étranger fin observateur qui transmet ses impressions et ses remarques avec grâce et intelligence.

L'extrait de cet ouvrage que je vais présenter est une description de l'atelier du plus habile peintre chinois de Canton en ce moment ; extrait auquel je joindrai celui d'un traité de peinture imprimé en Chine il y a plus d'un siècle. En comparant ce que dit le voyageur avec ce que l'on apprend dans le livre chinois, j'espère donner, sur l'art de la peinture tel que le comprend et l'exerce ce peuple singulier, des idées plus nettes et plus justes que celles que l'on s'en est formé jusqu'ici.

Voici d'abord ce que dit le *Fan-qui* :

« Ceux qui ont été à Canton dans ces dernières années n'ont sans doute pas oublié la boutique du peintre Lamquoi. Lamquoi a reçu des leçons de son art de M. Chinery de Macao : cet artiste anglais lui a enseigné le moyen de peindre passablement à la manière européenne. Plusieurs de ses compatriotes ont eu les mêmes avantages, mais ils sont loin d'en avoir aussi bien profité que Lamquoi qui par cette raison passe pour le plus habile Chinois dans son art.

Mais comme il a dans son atelier des artistes qui peignent sous ses ordres, d'après la méthode et les doctrines chinoises, peut-être qu'une description de leurs travaux et des lieux où ils s'y livrent, pourra faire prendre une idée précise de la manière dont cet art est traité dans le céleste empire.

La maison de l'artiste, située dans la rue de Chine, est seulement distinguée de celle des voisins par une petite tablette noire attachée à la porte, sur laquelle sont inscrits le nom et la profession de Lamquoi en caractères blancs. Il faut avertir que toutes les maisons de ces rues se composent de deux étages, dont ordinairement le supérieur est habité par les marchands. Et comme il n'est permis à aucun *Fan-qui* (étranger) d'y monter, c'est dans la boutique en bas que l'on confectionne une partie des objets demandés. Les boutiques de peintres ont cela de particulier que les étrangers et les chalands ont la faculté de pénétrer dans toutes les parties qu'il leur plaît de visiter, et qu'aux différents étages on y achève différentes parties du travail.

Lamquoi lui-même habite la partie la plus élevée de sa maison et vous ne le trouvez au travail et entouré de tous ses outils qu'à l'extrémité supérieure de son bâtiment.

Au premier étage est l'atelier où se font les dessins sur papier de riz ou autres, tandis que le rez-de-chaussée sert proprement de boutique pour vendre. Telle est en général la disposition de toutes les maisons habitées par les artistes de cette ville extérieure (outside city). Cependant il y en a quelques-uns d'entre eux qui ne font que des copies de vaisseaux ou qui cultivent d'autres branches particulières de leur art, et d'autres enfin qui ne peignent qu'à la manière purement chinoise. Maintenant nous allons faire parcourir au lecteur ces différents appartements, afin de lui expliquer en détail les opérations successives des ouvriers, et de lui énumérer les différentes matières ainsi que les outils avec lesquels ils achèvent leurs brillantes productions.

En arrivant de la rue dans la maison de Lamquoi, vous entrez dans la boutique où les articles terminés sont exposés pour la vente. Ce sont les dessins sur papier de riz qui sont estimés les meilleurs. Ils sont empilés les uns sur les autres, recouverts de cages de verre et placés autour de la boutique. Cependant on y trouve aussi plusieurs choses qui ne se rapportent pas à la peinture, mais qui font partie cependant du fonds du commerce de la maison. Telles sont, par exemple, des pierres de diverses sortes gravées ou sculptées d'une manière fort curieuse. On trouve aussi à acheter là tous les objets matériels qui servent à peindre : boîtes à couleurs avec brosses, pinceaux, etc., le tout couvert avec de la soie brochée d'or. Le papier de riz, rangé en lots de cent feuilles, est un article important de la vente. Cet objet de commerce est tiré de Nankin, et se vend plus ou moins cher selon sa grandeur.

Le papier de riz des Indes Orientales est fabriqué avec la plante désignée par le nom *Æischynomene paludosa* ; mais on croit généralement que celui de Chine est le produit d'une espèce de mauve. La moelle en est extraite, puis amincie en feuilles dont le prix varie selon leur étendue et leur netteté.

Quant à la substance que nous connaissons sous le nom d'encre de la Chine, elle est confectionnée effectivement dans ce pays et pendant longtemps on a cru que, pour la produire, on se servait d'une certaine liqueur que contient le poisson la sepia. Mais on sait positivement aujourd'hui que cette encre est composée de noir de fumée d'une espèce supérieure et de glue.

On en trouve de trois espèces à Canton. Celle de première qualité qui vient, à ce que disent les Chinois, d'un lieu appelé Pau-Kum ; celle de seconde que l'on fabrique à Nankin ; et enfin la troisième fort inférieure, faite à Canton même.

Les Chinois jugent de la qualité de l'encre par son odeur, puis en en cassant un morceau par le milieu de manière à s'assurer si la fracture est brillante et vitreuse. Quant à l'odeur, elle est ajoutée à l'encre par le musc qu'on y mêle. Or, cette odeur fait préjuger de sa bonté, parce que le musc étant fort cher on n'en parfume que l'encre de première qualité.

Mais revenons à la maison de Lamquoi. Un petit escalier, ressemblant assez à une grande échelle avec une rampe de bois, conduit à l'atelier du premier étage. Là, vous voyez huit à dix Chinois ayant les manches retroussées et leur longue queue de cheveux fixée autour de leur tête, afin de ne pas porter de dommage aux opérations délicates qu'ils font en peignant. La lumière est introduite franchement dans cet atelier, par deux fenêtres pratiquées aux deux extrémités de la chambre qui n'est pas grande et n'a pour tout ornement que les peintures nouvellement terminées et tapissant les murs. Ces ouvrages de différents genres sont placés ainsi pour tenter les chalands.

On remarque parmi ces peintures plusieurs gravures d'Europe près desquelles sont placées des copies faites par les Chinois, soit à l'huile, soit à l'aquarelle. Ces gravures sont ordinairement apportées par les officiers de marine qui les donnent en échange de dessins et de peintures faits par les Chinois. C'est du reste un sujet d'étonnement que la fidélité et l'élégance avec lesquelles les peintres de ce pays copient les modèles qu'on leur propose. Leur coloris en particulier est brillant et vrai, ce qui mérite d'être remarqué, puisque, copiant des gravures, cette partie de leur travail est entièrement confiée à leur goût et à leur jugement. C'est donc un talent véritable qui les distingue que le choix harmonieux des couleurs qu'ils combinent à leur fantaisie. On voit aussi suspendus aux murailles des dessins représentant des navires, des bateaux, des villages et des paysages dont l'apparence est parfois assez grotesque.

Cet atelier est garni de longues tables séparées l'une de l'autre par un espace rigoureusement calculé pour laisser circuler les peintres. Ces artistes chinois ne sont nullement contrariés, du reste, par la présence et la curiosité des étrangers. Au contraire ils continuent tranquillement leur travail, et sont même tout disposés à répondre aux questions qu'on leur adresse et à laisser regarder ce qu'ils font. Aussi, pour peu qu'on y apporte d'attention, est-il facile de saisir et de connaître tous les procédés qu'ils emploient pour achever ces beaux dessins sur papier de riz si prisés aujourd'hui en Europe.

En regardant ces hommes assis sur un petit tabouret devant leur table, avec leurs outils rangés en ordre à côté d'eux, on est frappé de la propreté et de la délicatesse avec lesquelles ils achèvent chacune des petites opérations qu'ils ont à faire. Les dessins qu'ils exécutent ne sont ni copiés entièrement sur d'autres, ni tout à fait originaux, et une bonne partie de leur ensemble résulte d'un travail mécanique.

D'abord on choisit une feuille de papier de riz où il se trouve le moins de taches et de trous qu'il soit possible, et dont la grandeur se rapporte avec le prix que l'on veut demander du dessin. Quand il se trouve des défauts dans le papier, les Chinois sont fort habiles pour les faire disparaître. Pour remplir une déchirure ou un trou, par exemple, ils placent derrière la partie avariée un petit morceau de verre humecté, tout à fait semblable à du mica, et qui est fait avec du riz. Lorsque les bords de la déchirure sont ainsi maintenus, ils intercalent sur le côté de la feuille qui doit être peint un morceau de papier de riz taillé qui remplit exactement l'espace vide.

Quand le papier est bien préparé, ils passent dessus une légère dissolution d'alun pour le rendre apte à recevoir les couleurs, opération que l'on renouvelle plusieurs fois pendant le cours du travail que demande un dessin ; de telle sorte qu'avant qu'il soit fini il reçoit ordinairement sept ou huit couches d'eau aluminée. L'effet de ce minéral sur le papier est tout à la fois de l'empêcher de boire et de donner plus de fixité aux couleurs.

Vient ensuite l'opération du tracé, du dessin, qui est à peu de chose près faite mécaniquement et d'après des recettes. Il existe des livres à l'usage des peintres chinois, dans lesquels ils trouvent des esquisses au trait et même coloriées, représentant des hommes, des animaux, des arbres, des plantes, des roches et des édifices vus sous des aspects divers, dans des mouvements variés, plus ou moins grands et diminués en raison du plan perspectif où l'on veut les placer. Ces divers objets offerts ainsi dans les livres servent de pièces de rapport au moyen desquels les peintres font leurs tableaux. Ainsi, pour faire un paysage, ils copient des montagnes de leur livre modèle, y choisissent les arbres qui leur conviennent, ajoutent des figures d'hommes, d'animaux, et par ce moyen obtiennent des compositions assez variées tout en combinant diversement les mêmes objets. Cette pratique rend raison de la ressemblance que l'on observe dans la facture des arbres, des roches et même des figures dans les compositions chinoises, bien que leur ensemble présente souvent de la variété. Chez Lamquoi ainsi que dans les autres ateliers, on a donc des mandarins, des oiseaux et des arbres modèles que l'on place sous le papier de riz dont la transparence favorise le calque, de telle sorte que dans toutes les boutiques on retrouve à peu près les mêmes sujets. Le mérite particulier du peintre chinois consiste donc dans la perfection plus ou moins grande du coloris qu'il ajoute à ces compositions banales.

Les couleurs, continue le *Fan-qui*, sont préparées d'avance et on les emploie de la même manière que quand on peint à l'huile, en empâtant. Les teintes, toujours opaques, sont appliquées et mêlées avec le plus grand soin. Après les avoir broyées en les humectant d'eau, avec une molette de verre sur un plat de porcelaine, on y ajoute de l'alun, puis de la glu pour les faire adhérer au papier. En Europe nous préférons la gomme ; mais les Chinois se servent de glu qu'ils tiennent toujours chaude auprès d'eux.

Un appareil simple suffit pour leur faire obtenir ce dernier résultat. C'est un petit trépied en fer supportant un godet du diamètre d'un pouce et demi, dans lequel est la glu ; et, pour entretenir le degré de chaleur nécessaire, le peintre chinois allume de temps en temps un morceau de charbon gros comme une noisette, qu'il place sous le godet et remplace quand il est consumé.

Les couleurs étant préparées, l'artiste commence par mettre les teintes neutres pour masser le dessin. Les draperies et les accessoires sont peints d'abord sur le papier. Mais quand on veut représenter des chairs, les teintes sont mises sur l'envers de la feuille, de manière à produire cette transparence de coloris que les peintres en miniature d'Europe obtiennent avec l'ivoire.

Pour cette partie du travail, il n'est pas très nécessaire que le peintre chinois consulte ses modèles ; car, ainsi qu'on l'a déjà dit, cette branche de l'art, le coloris, dépend entièrement du goût et de l'habileté de l'artiste. Les peintres qui ont de l'expérience ne copient même pas du tout, du moment que le dessin est tracé.

Maintenant il reste à faire connaître de quelle manière les Chinois s'y prennent pour reproduire les détails des objets avec tant de soins et d'adresse. Ce genre de perfection résulte tout à la fois de l'incroyable dextérité des peintres et de la nature du papier de riz qui protège et facilite cette espèce de travail.

Les brosses dont on fait usage pour peindre sont semblables à celles avec lesquelles on écrit, seulement elles sont plus fines et les poils sont engagés dans un morceau de bambou ou de roseau. La couleur des poils diffère ; ils sont blancs, gris et quelquefois noirs. Les pinceaux faits avec ces derniers sont les meilleurs. On en trouve quelquefois à Canton, mais on ignore quel est l'animal qui produit cette espèce de fourrure, et l'on dit que quelques pinceaux, plus délicats encore que tous les autres, sont faits avec les poils qui forment la moustache des rats. Les bons pinceaux sont très rares et fort chers.

Lorsque l'on peint une partie qui exige un certain nombre de coups de pinceaux plus délicats que ce que l'on pourrait produire avec une seule touche, on emploie deux brosses ou pinceaux dont on se sert de cette façon : le plus petit pinceau est tenu perpendiculairement sur le papier par le pouce et l'index, tandis que celui qui est plus gros est tenu par les mêmes doigts, mais dans une position horizontale, de telle sorte que les entes des deux outils se croisent à angle droit. Il résulte de cette double disposition du petit et du gros pinceau qu'avec le premier on réforme le trait, si cela est nécessaire, on fait tous les détails délicats, et enfin on applique les couleurs précisément où l'on veut ; puis qu'ensuite, en abaissant un peu la main, le petit pinceau prend la direction horizontale en s'éloignant du papier, tandis qu'avec le gros pinceau humecté, mais sans couleurs et placé alors verticalement, on adoucit les teintes qui ont été appliquées par le petit. Au moyen de cette pratique, on ne dérange pas la main pour changer de pinceau, et la double opération de poser la teinte et de l'adoucir se fait avec plus de sûreté et de promptitude. Les peintres chinois manœuvrent ce double pinceau avec une dextérité singulière. La glu, dont ils se servent de préférence à la gomme, a l'avantage, en séchant moins vite, de laisser plus de temps pour perfectionner le travail. La position perpendiculaire, sur le papier, du pinceau avec lequel on opère, offre aussi un avantage relativement au papier de riz sur lequel les Chinois peignent ; c'est de faire prendre l'habitude de peindre à main levée, en prenant seulement un point d'appui avec le coude. L'extrême fraîcheur du papier de riz rend cette précaution indispensable.

Le défaut le plus grand de la peinture chinoise, relativement au goût et aux doctrines qui régissent cet art en Europe, est l'ignorance totale, chez les artistes orientaux, des effets de la lumière et des ombres. Le *modelé* leur est entièrement inconnu. Ce système imparfait d'imitation tient à l'idée fondamentale des Chinois qui prétendent représenter les objets de la nature non tels qu'ils apparaissent, mais tels qu'ils sont effectivement ; en sorte qu'ils s'efforcent d'imiter en peignant comme on imite en sculptant.

Ces détails sur l'atelier d'un peintre chinois et sur la manière dont il exerce son art sont extrêmement curieux, si l'on réfléchit surtout qu'ils sont transmis par un témoin oculaire. Au surplus, il n'y a pas que la renommée de Lamquoi que l'on connaisse en Europe, et la Bibliothèque royale de Paris a fait dernièrement l'acquisition de plusieurs albums très beaux, sortis de ses ateliers. L'aspect ainsi que la qualité qui distinguent les peintures que ces recueils contiennent justifient les observations du *Fan-qui*, car la délicatesse du fini, ainsi que l'éclat des couleurs, en constituent le mérite. Le dessin, comparé à celui d'ouvrages plus anciens, soit sur papier, soit sur porcelaine, est faible, et ce qui distingue les peintures de Lamquoi de celles de ses prédécesseurs, est l'introduction des demi-teintes et de quelques ombres dans les chairs et les habillements, tentatives faites sans doute sous l'influence de M. Chinery, peintre anglais.

Depuis longtemps, en comparant des peintures chinoises entre elles, j'avais cherché à me rendre raison des principes d'après lesquels on les compose et on les exécute. La lecture du livre du *Fan-qui* et la vue des albums de Lamquoi ont reporté mon attention sur ce sujet, lorsque M. Stanislas Julien, notre savant sinologue, me fit voir un livre de sa riche bibliothèque chinoise, qui contient tout un traité de peinture dont le texte est accompagné de plusieurs volumes de dessins gravés au trait.

L'Europe savante connaît et apprécie l'exactitude et l'excellence des travaux philologiques et littéraires que M. S. Julien fait sur la langue et les écrits de la Chine ; mais il faut avoir eu recours à lui pour savoir avec quelle complaisance éclairée il transmet à d'autres des connaissances dont lui seul peut être l'interprète fidèle. Historiens, savants, artistes, manufacturiers, tous vont à lui pour obtenir des renseignements sur la Chine, et il répond à tous avec cet empressement de l'homme éclairé qui est heureux en répandant la lumière. Le choix des livres qu'il a fait venir de Chine en est bien la preuve, puisque dans ses prévisions généreuses ce savant n'oublie aucun sujet, pas même ceux qui semblent le plus étrangers à ses études particulières.

J'avoue que je fus singulièrement étonné lorsque M. S. Julien me montra un traité de peinture chinois ; et mon étonnement redoubla soit en entendant la traduction improvisée que le savant me fit de quelques parties du texte, soit en voyant l'habileté avec laquelle les modèles d'arbres, de montagnes et de paysages en particulier, sont traités sur les gravures.

M. Stanislas Julien ne borna pas sa complaisance à cette communication du livre, et il a bien voulu m'en donner une analyse sommaire que l'on lira sans doute avec intérêt.

La première partie qui à cinq cahiers, est intitulée : « Tradition de l'art de peindre » (*Hoa-Tchouen*), titre qui paraîtra exact si l'on considère que le rédacteur, appelé Li-la-ong-sien-sing, c'est-à-dire le docteur Li-la-ong, y a réuni ce qu'il a trouvé de meilleur dans les ouvrages anciens et modernes sur ce sujet. Cette édition est accompagnée de planches gravées pour la première fois en 1681. Voici la distribution des matières.

« Table des cinq cahiers :

Liv. I, Dissertation sur la peinture, en 18 articles. — Préparation et emploi des couleurs, 26 articles.

Liv. II, Arbres, 19 modèles avec des notes explicatives. — Feuilles, 24 modèles. — Vieux arbres, 9 modèles. — Arbres garnis de feuilles, d'après différents artistes. — Arbres réunis, 23 mod. — Pins et sapins, 10 mod. — Saules, 5 mod. — Bananiers, Bignonia-tomentara, bamboux, roseaux, 17 mod.

Liv. III, Pierres, 11 mod. — Montagnes, 12 mod. — Pics de montagnes de différentes formes, d'après divers artistes dont les noms sont cités, 27 mod. — Roches au milieu de courants d'eau, roches escarpées, 11 mod. — Sources, cascades, ponts naturels au milieu des montagnes, 12 mod. — Eaux, nuages, flots, ondes, 4 mod.

Liv. IV, Personnages en perspective, 62 mod. — Personnages de moyenne dimension et dans différentes attitudes, 32 mod. — Personnages de petite dimension, 19 mod. — Oiseaux, 26 mod. — Murailles et maisons, 26 mod. — Portes, 16 mod. — Murailles de ville, ponts, 31 mod. — Temples, pagodes, tours, bateaux, ustensiles avec modèles.

Liv. V, Écrans, éventails, 40 modèles.

La seconde partie, intitulée : « Traditions de la peinture ou de l'art de peindre (Hoa-Tchouen-eul-tsi), forme le second recueil et a été imprimée à Nanking, dans la même année que la première, en 1681. Elle se compose de huit cahiers, et, en tête du frontispice on lit ces mots : « Composé d'après les plus célèbres artistes de l'empire ». Du reste, elle ne contient que des modèles d'arbres, de plantes et de fruits dessinés avec la plus grande exactitude et dont quelques uns sont coloriés.

« Voici la traduction de quelques-unes des légendes qui accompagnent les gravures au trait de personnages : Homme qui marche lentement en méditant des vers. — Homme qui cueille une fleur de chrysanthème. — Homme qui grave des vers sur le flanc d'une montagne. — Jeune homme qui rencontre par hasard un vieillard, et qui, après avoir causé avec lui, le quitte sans espérance de le revoir. — Homme couché sur le dos et lisant le *Livre des montagnes et des mers*. — Homme portant un fagot, etc., etc.

Telle est l'économie de ce livre où les planches gravées abondent. Je les ai observées avec soin, et voici les réflexions qu'elles ont fait naître dans mon esprit. En général, le dessin y est supérieur à celui des peintures faites sur papier ou sur porcelaines. Il y a même des sortes de plantes, d'arbres, de roches et de cascades au milieu des montagnes, où ces objets sont rendus avec vérité et dessinés avec un esprit remarquable. La nature des roches est souvent exprimée avec une exactitude qui satisferait même un géologue ; et dans la représentation des chutes d'eau qui ordinairement sont encaissées dans des amas de montagnes, la différence des plans, la perspective du cours des eaux sur les parties planes, ainsi que la diminution des arbres, à mesure qu'ils s'éloignent de l'œil, tous ces accidents naturels sont rendus au trait, non seulement avec art, mais même savamment ; au moins est-ce l'idée que les gravures font naître.

Les études d'arbres n'ont pas un moindre mérite. Les espèces principales sont représentées séparément, et chacune d'elles est détaillée par branches, par troncs sans feuilles d'abord, puis ensuite en entier et couverte de feuillages. On procède de môme pour les fleurs ; et les maisons, les pagodes et les villes sont analysées d'après la même méthode.

Ce traité chinois paraît avoir pour objet particulier l'enseignement de l'art du paysage ; car, outre que les objets de la nature physique y sont étudiés et rendus avec plus de soin et de savoir que les figures d'hommes et d'animaux, les modèles de personnages sont fort petits et traités en croquis faits spirituellement, mais avec une hardiesse qui dégénère parfois en brutalité. Cette circonstance, la petitesse des figures et enfin la nature des sujets dont plusieurs ont été indiqués plus haut, tout semble faire croire que ces modèles de personnages ne sont que des accessoires destinés à animer des scènes champêtres.

Les quadrupèdes sont généralement mal rendus dans ce livre ; les figures d'hommes ont des attitudes vraies et expressives ; les oiseaux sont comparativement mieux traités encore, et enfin les végétaux et les montagnes y sont souvent représentés avec talent et toujours avec une très grande vérité.

Les Européens reprochent surtout aux peintres chinois d'ignorer complètement les lois de la perspective. Ce reproche est fondé, mais on l'exagère. Je ne sais s'il existe en Chine des traités d'optique, mais il est certain que les artistes de ce pays n'en savent pas faire une application scientifique et rigoureuse dans leurs compositions. Cependant il n'est pas vrai, comme on le répète sans cesse et comme le redit encore le *Fan-qui*, que les peintres chinois n'aient pas le sentiment de la diminution des objets et de la fuite des lignes, à mesure qu'ils s'éloignent de l'œil ; car, dans toutes leurs peintures, ces phénomènes sont au moins indiqués, et parfois, comme dans ces grands paysages avec cascades, dessinés dans le traité qui nous occupe, les trouve-t-on rendus avec une grande délicatesse.

Mais le traité de peinture chinois fournit encore une preuve plus frappante de l'intention formelle qu'ont les artistes de ce pays d'exprimer les apparences en perspectives. Dans le cahier qui contient les modèles de personnages, d'animaux et de maisons, tous ces objets sont présentés successivement de plus petite dimension, à mesure qu'ils s'éloignent de l'œil du spectateur, et l'artiste a eu soin de placer les plus grands sur le bord du tableau et de reporter toujours plus haut et plus près de l'horizon ceux qui sont plus éloignés et qui conséquemment doivent paraître plus petits. La science n'entre pour rien dans ce travail ; mais le sentiment de la perspective considérée comme art y est au même degré que dans les ouvrages de plusieurs grands maîtres des vieilles écoles d'Allemagne et d'Italie avant le seizième siècle. Je ne crains pas même d'avancer qu'à nos expositions du Louvre on y voit souvent des tableaux qui, sous le rapport de la perspective au moins, ne sont pas plus forts que ceux des Chinois.

Au surplus, quand les personnes étrangères à la peinture se plaignent de défauts de perspective, on peut être certain qu'elles veulent désigner la perspective aérienne, atmosphérique. À ce compte, elles ont beau jeu pour se moquer des Chinois, qui, par une singularité inexplicable, ont l'air de ne pas voir d'ombre sur les corps, puisqu'ils n'en expriment jamais, pas même les ombres portées.

Cette omission est un des plus grands griefs imputés aux peintres chinois par les Européens qui devraient penser toutefois que les ouvrages de Giotto, que ceux-mêmes beaucoup plus modernes de Fra Angelico da Fiesole et d'Holbein sont traités sans ombres ; que le portrait d'Anne de Boulen, du Raphaël suisse, que l'on voit au Musée de Paris, présente, quand on l'observe d'une certaine distance, une uniformité de coloris qui a de l'analogie avec celle des peintures chinoises ; que les peintures antiques recueillies à Naples sont conçues et exécutées d'après le même système, et qu'enfin rien ne prouve absolument que pour contenter l'esprit et plaire à l'œil, il faille faire des tableaux chargés de demi-teintes et d'ombres noires, comme en ont produit les Carrache et leurs imitateurs exagérés, les Caravage, les Zurbaran, les Ribera, les Valentin, et tant d'autres. Quant à moi, s'il fallait opter entre ces deux systèmes opposés, je ne balancerais pas à prendre parti pour celui des Chinois, qui tend à l'amélioration, tandis que celui des élèves des Carrache est destructif de l'art.

Je ne suis donc point étonné que les Chinois peignent sans exprimer les ombres, puisque toutes les écoles de peinture, lorsqu'elles naissent dans un pays, adoptent d'abord cette manière. Mais on a de la peine à s'expliquer la permanence et la transmission de siècle en siècle, jusqu'à nos jours, de cet état de l'art. Cela tient sans doute à des préjugés qui ne nous sont point encore connus, mais qu'il serait curieux d'étudier.

Quoi qu'il en soit, les détails que nous a donnés le *Fan-qui* sur la méthode et les procédés des peintres chinois de nos jours, comparés à ce que le traité de peinture chinois apprend sur le même sujet, peuvent fixer les idées des Européens sur le système suivi par les artistes du céleste empire. On apprend par le titre même du traité, imprimé en 1681, que le rédacteur de cet ouvrage a puisé les principes écrits et les modèles dessinés qu'il donne, chez des artistes anciens dont les ouvrages avaient une grande autorité. Par l'inspection des modèles dessinés, de ceux surtout qui reproduisent la nature physique, on voit clairement qu'antérieurement à 1681, il y a eu des artistes en Chine, qui, dans l'imitation exacte des objets naturels, ont montré une science et un talent que l'on ne retrouve pas au même degré dans les compositions faites de nos jours. D'où il résulte que l'art, tel qu'il est constitué en Chine, a été supérieur à ce qu'il est à présent.

Quant à cet art ainsi établi, quel a-t-il pu être autrefois, et quel est-il aujourd'hui ? telles sont les questions qui se présentent. Ces grands maîtres, dont le rédacteur du traité invoque le témoignage et reproduit les modèles, sont-ils ceux des artistes d'un autre âge qui ont immédiatement copié d'après la nature ? Est-ce cette disposition, cette qualité, ce talent, qui leur a fait accorder le titre de maîtres ? Je suis tenté de le croire, sans oser l'affirmer.

Quant à la pratique usuelle de l'art de la peinture en Chine, nous sommes assurés, par le traité même, que depuis cent cinquante ans et plus, l'art du peintre chinois consiste à choisir dans les modèles imprimés les détails qui lui conviennent pour les combiner ensemble, en les reportant, au moyen de l'opération du calque, sur la composition faite de pièces et de morceaux. Or, c'est ce qui se pratique encore en Chine aujourd'hui dans les ateliers de Lamquoi, d'où il sort fort peu de choses originales, comme l'affirme le *Fan-qui*. Ce voyageur insiste encore avec beaucoup de raison sur le mérite principal qui distingue les artistes chinois, le coloris ou, pour parler plus positivement, l'enluminure. Dans la langue des arts, le mot *coloris* comprend, outre l'expression de la couleur propre de chaque objet, la dégradation des tons, depuis les parties éclairées jusqu'à celles privées de lumière. L'*enluminure*, au contraire, qui n'a pour objet que la couleur, ne rend ni les demi-teintes ni les ombres. Ce dernier mode, qui est celui des Chinois, offre bien moins de difficultés que celui des Européens, puisque les couleurs n'étant jamais dégradées par la privation des lumières, il s'ensuit qu'elles conservent dans toutes les parties de l'ouvrage le même éclat.

Les curieux qui observeront avec soin les peintures de

Lamquoi sentiront toute la justesse de ces remarques, surtout s'ils portent leur attention sur les mains et les têtes des tableaux de cet artiste, où il s'est efforcé, pour suivre le système européen, d'exprimer des *demi-teintes*. Par la nature même des tons qu'il avait à rendre, il a fait des demi-teintes dont le coloris paraît sale, comparativement aux tons purs et entiers dont il a couvert les vêtements et les accessoires.

Si effectivement Lamquoi est un des plus habiles peintres de Chine aujourd'hui, il faut en conclure que l'art en ce pays est dégénéré depuis 1681, époque de la publication du traité que possède M. Stanislas Julien. Car on connaît depuis longtemps en Europe des dessins ou peintures de Chine dont le coloris est aussi brillant que celui de Lamquoi ; mais Lamquoi est très inférieur pour le dessin aux vieux maîtres qui ont fourni la plupart des modèles qui sont joints au traité de 1681. Ses ouvrages même, par cela seul qu'ils sont faits sous l'influence européenne, sont moins curieux à étudier que ceux des peintres attachés au système chinois ou plutôt qui n'en ont pas connus d'autre.

Au moyen des traités remplis de modèles et de l'opération du calque, la peinture n'est donc pas autre chose en Chine, depuis longtemps, qu'un métier, une profession. C'est, au reste, ce que prouvent non seulement les dessins sur papier de riz, mais la plupart des compositions qui ornent les vases, les poteries, la vaisselle et les éventails, sur lesquels l'on ne voit le plus souvent qu'un assemblage et qu'une combinaison fortuite de pièces de rapport que les ouvriers peintres calquent sur des modèles et dont ils varient seulement l'aspect par un coloriage à leur fantaisie.

Nul doute que la plus grande partie des peintures chinoises ne soient faites ainsi. Cependant, lorsque l'on observe quelques compositions, rares, je l'avoue, où l'on trouve un choix heureux de lignes, des combinaisons ingénieuses de figures et de groupes, et enfin des sujets compliqués, où l'on saisit une scène bien liée, des gestes et des expressions en harmonie entre eux, on a peine à croire que ces compositions, rares, je le répète, soient le résultat du hasard et l'effet d'une combinaison analogue à celle du jeu de patience. Dussé-je compromettre ma critique, j'ajouterai que j'ai vu et que je possède même plusieurs compositions chinoises dont la disposition des groupes et l'attitude des figures ne feraient tort à aucun artiste européen.

Peut-être est-il arrivé chez cette nation ce qui a eu lieu dans notre Occident, où l'art de la peinture est parvenu très haut pour retomber après. On voit par le traité publié en 1681 qu'en Chine, comme chez nous, on cite, on imite, on copie même les *anciens grands maîtres*. Mais abstenons-nous de conjectures, et attendons, pour traiter cette question importante, que quelques documents tirés du livre précieux que possède M. Stanislas Julien viennent à notre aide.

ISBN : 978-1717217424